Die besten Rezepte
MUFFINS

Cornelia Klaeger

Die besten Rezepte
Muffins

Bassermann

Inhaltsübersicht

Wissenswertes

Rezepte

SÜSSE MUFFINS

Herzhafte Muffins

Süsse und herzhafte Muffins

Muffins sind feine Kuchen im Kleinformat und somit echte Tausendsassas – blitzschnell gemacht, leicht zu variieren, einfach zu dekorieren und immer ein kleines, ganz persönliches Geschenk.

So gelingen sie am besten

Legen Sie sich alle Zutaten parat und zwei Rührschüsseln. In die erste geben Sie alle trockenen Zutaten und vermischen diese, zum Beispiel Mehl, Backpulver, Zucker und Salz. In die zweite Schüssel geben Sie die flüssigen Zutaten, zum Beispiel Ei, Öl und Milch, und verrühren diese ebenfalls.

Nun geben Sie die flüssigen Zutaten zu den trockenen, rühren kurz um und fertig ist der Muffinteig. Wenn Sie den Mixer oder die Küchenmaschine nehmen, rühren Sie bitte nur kurz auf niedrigster Stufe mit den Knethaken. Wird der Teig zu lange gerührt, entsteht ein zäher Teig und es bilden sich beim Backen große Löcher im Gebäck.

Füllen Sie den Teig in die gefettete Form oder setzen Sie zunächst Papierförmchen in die Mulden. Ich bevorzuge die Papierförmchen, denn sie sehen dekorativ aus und man kann die Muffins damit wunderbar aus der Hand essen. Füllen Sie die Mulden nicht ganz mit Teig, denn der steigt beim Backen noch auf.

Schieben Sie das gefüllte Muffinblech in den heißen Backofen. Die Backzeiten in diesem Buch sind getestet, aber trotzdem kann es bei Ihrem Backofen kürzer oder länger dauern, denn nicht immer sind die am Schalter angegebenen Temperaturen identisch mit der Temperatur im Backofen. Sollten Sie öfter backen, lohnt sich die Anschaffung eines Backofenthermometers.

Die Muffins sind fertig, wenn der Teig oben aufreißt. Nehmen Sie das Blech aus dem Ofen und gönnen Sie den Muffins noch 5 Minuten Ruhezeit in der Form, nehmen Sie sie dann heraus und lassen Sie sie auf dem Kuchengitter auskühlen.

Muffins verzieren

Puderzucker: Etwas Puderzucker in ein feines Sieb geben und die abgekühlten Muffins bestäuben.

Sesam, gehackte Mandeln: Verteilen Sie ein wenig Sesam oder ganz klein gehackte Mandeln oder Nüsse in den gefetteten Mulden des Muffinblechs, bevor Sie den Teig hineingeben. Das bietet sich auch bei herzhaften Muffins an.

Schleife: Legen Sie um das Papierförmchen eines fertig gebackenen Muffin eine schöne Schleife.

Dunkler Schokoguss: Schmelzen Sie Kuvertüre über dem heißen Wasserbad und beträufeln Sie den Muffin damit. Sie können dann auch noch Schokospäne, Zuckerperlen, Marzipansternchen oder was immer gerade passt auf den Schokoguss geben.

Weißer Schokoguss mit Blütendekor: Sehr liebevoll sieht ein Muffin mit weißem Schokoguss (er wird aus weißer Kuvertüre hergestellt) aus, der dann mit Marzipanröschen oder Zuckerblüten bestreut wird.

Zuckerguss: Verrühren Sie 1 bis 2 Esslöffel Saft oder Wasser mit 125 g Puderzucker und 1 Teelöffel weicher Butter und bestreichen Sie den ausgekühlten Muffin damit.

Sahne- oder Frischkäsetupfer: Süße Muffins sehen mit einem Tupfer geschlagener Sahne gleich viel festlicher aus, bei pikanten Muffins kann es Frischkäse oder Meerrettichsahne sein. Geben Sie eventuell etwas Sahnesteif dazu, dann bleibt der Tupfen besser in Form.

Muffins mit Sauce und mehr

Muffins sind ein leckerer Pausensnack, aber sie eignen sich auch hervorragend als Leckerei zum Nachtisch oder für die Kaffeetafel. Reichen Sie Vanille-, Schokoladen-, Mokka- oder Fruchtsaucen zum Muffin, gerne mit frischen oder eingelegten Früchten. Sahne ist ein köstlicher Begleiter, ebenso wie Apfelkompott, Eiscreme oder Likör.

Pikante Muffins können mit Rühr- oder gekochtem Ei, Chutneys, Ketchup oder herzhaften Saucen serviert werden. Ebenso wie Mixed pickles, saure Gürkchen, Perlzwiebeln oder ein Salat eine kleine Mahlzeit daraus machen.

In diesem Buch verwendete Abkürzungen

Msp. = Messerspitze
TL = Teelöffel
EL = Esslöffel
g = Gramm
kg = Kilogramm
ml = Milliliter
l = Liter
Min. = Minute
Std. = Stunde

Blaubeermuffins

Zubereitungszeit: 20 Minuten
Backzeit: 25 – 30 Minuten

Zutaten für 6 Muffins

80 g Blaubeeren
1 TL abgeriebene Bio-Orangenschale
40 g Butter
1 Ei
70 g Zucker
70 ml Milch
110 g Mehl
1 TL Backpulver
1 Prise Salz
Zucker zum Bestreuen

1 Die Blaubeeren waschen und abtropfen lassen, die Orange heiß abwaschen und abtrocknen, die Schale abreiben.

2 Die Butter bei schwacher Hitze zerlassen. Das Ei in eine Schüssel geben und mit einer Gabel verschlagen. Den Zucker, die zerlassene, aber abgekühlte Butter und die Milch dazugeben und alles gründlich miteinander verrühren.

3 Den Backofen auf 200 °C (Umluft 180 °C, Gas Stufe 3 bis 4) vorheizen. Mehl, Backpulver und das Salz in eine zweite Schüssel geben und gut vermischen. Trockene Mehlmischung zu den feuchten Zutaten in die andere Schüssel geben, nur kurz verrühren, bis alle Bestandteile gerade feucht sind. Zum Schluss die Orangenschale und die Beeren unter den Teig heben.

4 Das Muffinblech fetten oder Papierförmchen in die Mulden setzen. Den Teig etwa dreiviertelhoch in die Mulden füllen und mit etwas Zucker bestreuen. Im heißen Ofen (Mitte) 25 bis 30 Minuten backen, bis die Muffins oben aufreißen. Das Blech aus dem Ofen nehmen und die Muffins etwa 5 Minuten ruhen lassen. Dann aus den Mulden nehmen und auf einem Kuchengitter abkühlen lassen.

Kirschmuffins

Zubereitungszeit: 20 Minuten
Backzeit: 25 Minuten

Zutaten für 6 Muffins

125 g Mehl
1 TL Backpulver
1 Prise Salz
1 EL Zucker
100 ml Milch
1 Ei
3 Tropfen Bittermandel-Aroma
50 g Sauerkirschen (aus dem Glas)
15 g fein gehackte Nüsse

Für den Guss

50 g Puderzucker
1–2 TL Kirschwasser oder
1 EL Kirschsaft

1 Mehl, Backpulver, Salz und Zucker in einer Schüssel gut vermischen. In einer zweiten Schüssel Milch, Ei und Mandelaroma gut miteinander verrühren. Diese Mischung langsam in die Schüssel mit den trockenen Zutaten gießen und kurz verrühren, bis die Mischung gerade feucht ist. Der Teig kann noch Klümpchen enthalten.

2 Den Backofen auf 200 °C (Umluft 180 °C, Gas Stufe 3 bis 4) vorheizen. Die gut abgetropften Kirschen und die fein gehackten Nüsse vorsichtig zum Teig geben.

3 Das Muffinblech fetten oder Papierförmchen in die Mulden setzen. Den Teig in die Mulden füllen. Im heißen Ofen (Mitte) etwa 25 Minuten backen, bis der Teig oben aufreißt. Das Blech aus dem Ofen nehmen und die Muffins 5 Minuten ruhen lassen, dann aus den Mulden nehmen und auf einem Gitter abkühlen lassen. Die Muffins mit Puderzucker bestäuben oder mit einem Guss verzieren (Schritt 4).

4 Für den Guss den Puderzucker mit dem Kirschwasser und 1 Teelöffel heißem Wasser oder dem Kirschsaft verrühren. Den Guss auf die abgekühlten Muffins streichen.

Erdbeer-Joghurt-Muffins

Zubereitungszeit: 20 Minuten
Backzeit: 25 – 30 Minuten

Zutaten für 6 Muffins

100 g Erdbeeren
Saft und abgeriebene Schale
von ½ Bio-Zitrone
60 g zerlassene Butter
60 g Zucker
1 Ei
75 g Erdbeerjoghurt
2 EL Milch
125 g Mehl
1 TL Backpulver
1 Msp. Zimt

1 Die Erdbeeren waschen, putzen und in kleine Stücke schneiden. Die Zitrone heiß abwaschen und abtrocknen. Die Schale abreiben und eine Zitronenhälfte auspressen. Zitronensaft und -schale unter die Erdbeeren mischen.

2 Butter, Zucker, Ei, Joghurt und Milch in einer Schüssel gut verrühren. In einer zweiten Schüssel Mehl und Backpulver mit dem Zimt mischen.

3 Den Backofen auf 200 °C (Umluft 180 °C, Gas Stufe 3 bis 4) vorheizen. Die Joghurt-Milch-Mischung langsam unter die Mehlmischung rühren, gerade so, dass alle Zutaten gut miteinander verbunden sind. Anschließend die Erdbeeren vorsichtig unter den Teig heben.

4 Das Muffinblech fetten oder Papierförmchen in die Mulden setzen. Den Teig in die Mulden füllen. Im heißen Ofen (Mitte) ca. 25 bis 30 Minuten backen, bis der Teig oben aufreißt. Das Blech aus dem Ofen nehmen und die Muffins 5 Minuten darin ruhen lassen. Dann aus den Mulden lösen und auf einem Kuchengitter abkühlen lassen.

Himbeer-Streusel-Muffins

Zubereitungszeit: 20 Minuten
Backzeit: 20–25 Minuten

Zutaten für 6 Muffins

1 TL abgeriebene Bio-Zitronenschale
50 g zerlassene Butter
125 g Mehl
50 g brauner Zucker
1 TL Backpulver
1 Msp. Zimt
1 Prise Salz
2–3 EL Milch
1 Ei
75 g TK-Himbeeren

Für die Haselnuss-Streusel

50 g brauner Zucker
25 g Mehl
1 TL abgeriebene Bio-Zitronenschale
25 g gehackte Haselnusskerne
1 EL Butter

1 Die Zitrone heiß abwaschen und abtrocknen, die Schale abreiben. 50 g Butter zerlassen.

2 Für den Muffinsteig Mehl und Zucker, Backpulver, Zitronenschale, Zimt und Salz in einer Schüssel vermischen. In einer zweiten Schüssel die Milch, das Ei und die zerlassene, aber abgekühlte Butter cremig rühren und zur Teigmischung geben. Erdbeeren unterheben.

3 Den Backofen auf 200 °C (Umluft 180 °C, Gas Stufe 3 bis 4) vorheizen. Für die Streusel braunen Zucker, Mehl, Zitronenschale, Nüsse und Butter mischen.

4 Das Muffinblech fetten oder Papierförmchen einsetzen. Den Teig etwa zweidrittelhoch in die Mulden füllen, je 1 bis 2 Teelöffel Streusel daraufgeben. Im heißen Ofen (Mitte) 20 bis 25 Minuten backen. Die Muffins sind gut, wenn der Teig oben aufreißt. Das Blech aus dem Ofen nehmen und die Muffins 5 Minuten darin ruhen lassen. Dann aus den Mulden lösen und auf einem Kuchengitter abkühlen lassen.

Apfel-Butter-Muffins

Zubereitungszeit: 20 Minuten
Backzeit: 20 – 25 Minuten

Zutaten für 6 Muffins

100 g Mehl
15 g Weizenkleie
40 g brauner Zucker
1 ¼ TL Backpulver
1 Prise Salz
1 Prise Zimt
75 ml Milch
1 Eiweiß
75 g Apfelmus
20 g zerlassene Butter

1 Mehl, Kleie, Zucker, Backpulver, Salz und Zimt in einer Schüssel mischen. In einer zweiten Schüssel Milch, Eiweiß, Apfelmus und die zerlassene, aber abgekühlte Butter cremig verrühren. Dann zu den trockenen Zutaten geben und untermischen.

2 Den Backofen auf 200 °C (Umluft 180 °C, Gas Stufe 3 bis 4) vorheizen. Das Muffinblech fetten oder Papierförmchen in die Mulden setzen.

3 Den Teig zweidrittelhoch in die Mulden füllen. Im heißen Ofen (Mitte) 20 bis 25 Minuten backen, bis der Teig oben aufreißt. Das Blech aus dem Ofen nehmen und die Muffins 5 Minuten darin ruhen lassen. Dann aus den Mulden nehmen und auf dem Kuchengitter abkühlen lassen.

Zitronen-Mohn-Muffins

Zubereitungszeit: 20 Minuten
Backzeit: 20–25 Minuten

Zutaten für 6 Muffins

abgeriebene Schale von
½ Bio-Zitrone
125 g Mehl
1 ½ TL Backpulver
½ Päckchen Vanillezucker
1 ½ EL Mohnsamen
1 Prise Salz
60 g weiche Butter
100 g Zucker
2 kleine Eier
100 g saure Sahne
2 EL frisch gepresster Zitronensaft
1 EL Zucker
1 Msp. Zimt

1 Die Zitrone heiß abwaschen und abtrocknen, die Schale abreiben und die Zitrone auspressen.

2 Mehl, Backpulver, Vanillezucker, Mohn, Zitronenschale und Salz in einer großen Schüssel mischen.

3 In einer zweiten Schüssel die Butter und den Zucker verrühren. Die Eier nacheinander zugeben und rühren, bis ein cremiger Teig entstanden ist. Dann Sahne und Zitronensaft hinzufügen.

4 Den Backofen auf 200 °C (Umluft 180 °C, Gas Stufe 3 bis 4) vorheizen. Die cremige Mischung zu den trockenen Zutaten geben und kurz verrühren, bis alle Zutaten gerade miteinander vermengt sind.

5 Das Muffinblech fetten oder Papierförmchen in die Mulden setzen. Den Teig zweidrittelhoch in die Mulden füllen. Zucker mit Zimt mischen und die Muffins damit bestreuen.

6 Im heißen Ofen (Mitte) 20 bis 25 Minuten backen, bis die Muffins oben aufreißen. Das Blech aus dem Ofen nehmen und die Muffins 5 Minuten darin ruhen lassen. Dann aus den Mulden lösen und auf einem Gitter abkühlen lassen.

Konfitürenmuffins

Zubereitungszeit: 30 Minuten
Einweichzeit: 1 Stunde
Backzeit: 25–30 Minuten

Zutaten für 6 Muffins

40 g zarte Haferflocken
100 g Buttermilch
60 g Mehl
15 g fein gehackte Mandeln
½ Päckchen Vanillezucker
1 TL Backpulver
1 Prise Salz
1 Ei
20 g zerlassene Butter
25 g Zucker
75 g Konfitüre oder Marmelade, zum Beispiel Erdbeere, Kirsche oder Orange

1 Die Haferflocken unter die Buttermilch mischen und etwa 1 Stunde darin einweichen.

2 In einer großen Schüssel Mehl, Mandeln, Vanillezucker, Backpulver und Salz mischen. In einer zweiten Schüssel das Ei mit der abgekühlten Butter und dem Zucker cremig rühren.

3 Den Backofen auf 200 °C (Umluft 180 °C, Gas Stufe 3 bis 4) vorheizen. Die Haferflockenmischung unter die Butter-Ei-Creme rühren, anschließend zur Mehlmischung geben und kurz verrühren, bis alle Zutaten gerade miteinander vermischt sind.

4 Das Muffinblech fetten oder Papierförmchen in die Mulden setzen. Die Mulden etwa zu einem Drittel mit Teig füllen. Auf den Teig jeweils 1 gehäuften Teelöffel Konfitüre oder Marmelade geben und anschließend die Mulden mit dem übrigen Teig füllen.

5 Im heißen Ofen (Mitte) 25 bis 30 Minuten backen, bis der Teig oben aufreißt. Das Blech aus dem Ofen nehmen und die Muffins 5 Minuten darin ruhen lassen. Dann aus den Mulden nehmen und auf einem Gitter abkühlen lassen.

Frühstücksmuffins

Zubereitungszeit: 25 Minuten
Backzeit: 25 Minuten

Zutaten für 6 Muffins

100 g Apfel
70 g Möhre
85 g Mehl
50 g Zucker
¾ TL Natron
½ TL Zimt
1 Prise Salz
1 Ei
2 EL Pflanzenöl, zum Beispiel Sonnenblumen- oder Rapsöl
2 EL Milch
½ Päckchen Vanillezucker
½ EL Kokosflocken
10 g gehobelte Mandeln

1 Apfel und Möhre putzen und schälen. Die Möhre fein raspeln, den Apfel in kleine Stückchen schneiden.

2 Mehl, Zucker, Natron, Zimt und Salz in einer großen Schüssel gut vermischen. In einer zweiten Schüssel das Ei mit Öl, Milch und Vanillezucker verschlagen. Die flüssigen Zutaten zu den trockenen gießen und kurz verrühren, bis alles feucht ist.

3 Den Backofen auf 200 °C (Umluft 180 °C, Gas Stufe 3 bis 4) vorheizen. Apfelstückchen, Möhrenraspel sowie Kokosflocken und Mandeln unter den Teig heben. Das Muffinblech fetten oder Papierförmchen in die Mulden setzen. Den Teig zweidrittelhoch in die Mulden füllen.

4 Im heißen Ofen (Mitte) ca. 25 Minuten backen, bis der Teig oben aufreißt. Das Blech aus dem Ofen nehmen und die Muffins etwa 5 Minuten ruhen lassen. Dann aus den Mulden lösen und auf einem Gitter abkühlen lassen.

Cranberry-Nuss-Muffins

Zubereitungszeit: 20 Minuten
Backzeit: 20–25 Minuten

Zutaten für 6 Muffins

abgeriebene Schale von
½ Bio-Orange
125 g Mehl
50 g brauner Zucker
40 g Zucker
1 TL Backpulver
50 g fein gehackte Nüsse
½ TL Zimt
1 Prise Salz
50 g weiche Butter
2 EL Milch
1 Ei
75 g Cranberrys

1 Die Orange heiß abwaschen und abtrocknen, die Schale abreiben.

2 Mehl, Zucker, Backpulver, Nüsse, Zimt und Salz in einer großen Schüssel gut vermischen. In einer zweiten Schüssel Orangenschale, Butter, Milch und Ei cremig miteinander vermischen. Die cremige Mischung mit den trockenen Zutaten verrühren, bis alles gerade miteinander vermengt ist. Die Beeren unter den Teig heben.

3 Den Backofen auf 200 °C (Umluft 180 °C, Gas Stufe 3 bis 4) vorheizen. Das Muffinblech fetten oder Papierförmchen in die Mulden setzen. Den Teig zweidrittelhoch in die Mulden füllen.

4 Im heißen Ofen (Mitte) 20 bis 25 Minuten backen, bis der Teig oben aufreißt. Das Blech aus dem Ofen nehmen und die Muffins 5 Minuten ruhen lassen. Dann aus den Mulden lösen und auf einem Gitter abkühlen lassen.

Rhabarbermuffins

Zubereitungszeit: 25 Minuten
Backzeit: 30 Minuten

Zutaten für 6 Muffins

75 g brauner Zucker
1 EL neutrales Pflanzenöl, zum Beispiel Sonnenblumen- oder Rapsöl
1 Ei
½ Päckchen Vanillezucker
125 g Joghurt oder Buttermilch
100 g Rhabarber
25 g Haselnusskerne
150 g Mehl
½ TL Natron
½ TL Backpulver
1 Prise Salz

Für den Guss

1–2 TL zerlassene Butter
25 g brauner Zucker
½ TL Zimt

1 Zucker, Öl, Ei, Vanillezucker und Joghurt oder Buttermilch in einer Schüssel gut verrühren.

2 Den Rhabarber putzen, waschen und in kleine Stücke schneiden, die Nüsse fein hacken und beides in die flüssige Mischung geben.

3 In einer zweiten Schüssel Mehl, Natron, Backpulver und Salz vermischen und nach und nach unter die Fruchtmischung rühren.

4 Den Backofen auf 200 °C (Umluft 180 °C, Gas Stufe 3 bis 4) vorheizen. Das Muffinblech fetten oder Papierförmchen in die Mulden setzen. Den Teig zweidrittelhoch in die Mulden füllen.

5 Für den Guss die zerlassene, aber abgekühlte Butter mit Zucker und Zimt mischen und auf dem Teig verteilen.

6 Im heißen Ofen (Mitte) ca. 30 Minuten backen. Die Muffins sind fertig, wenn der Teig oben aufreißt. Das Blech aus dem Ofen nehmen und die Muffins 5 Minuten ruhen lassen. Dann aus den Mulden lösen und auf einem Gitter abkühlen lassen.

Irish-Cream-Muffins

Zubereitungszeit: 20 Minuten
Backzeit: 25 – 30 Minuten

Zutaten für 6 Muffins

125 g Mehl
1 TL Backpulver
50 g Zucker
1 Prise Salz
1 Ei
25 g weiche Butter
60 g Sahne
40 ml Irish Cream

1 Mehl, Backpulver, Zucker und Salz in einer Schüssel mischen.

2 In einer zweiten Schüssel Ei, Butter, Sahne und Irish Cream cremig verrühren. Diese Mischung unter die trockenen Zutaten rühren, bis alle Zutaten gerade miteinander vermengt sind. Den Backofen auf 200 °C (Umluft 180 °C, Gas Stufe 3 bis 4) vorheizen.

3 Das Muffinblech fetten oder Papierförmchen in die Mulden setzen. Den Teig zweidrittelhoch in die Mulden füllen. Im heißen Ofen (Mitte) 25 bis 30 Minuten backen. Die Muffins sind fertig, wenn der Teig oben aufreißt. Das Blech aus dem Ofen nehmen und die Muffins 5 Minuten darin ruhen lassen. Dann aus den Mulden lösen und auf einem Gitter abkühlen lassen.

Piñacolada-Muffins

Zubereitungszeit: 20 Minuten
Backzeit: 25 Minuten

Zutaten für 6 Muffins

abgeriebene Schale von
½ Bio-Orange
40 ml Orangensaft
5 EL Ananassaft
(eventuell 4 EL Saft plus
1 EL weißer Rum)
50 ml neutrales Pflanzenöl,
zum Beispiel Sonnenblumen- oder Rapsöl
125 g Mehl
60 g Zucker
1 TL Backpulver
1 Prise Salz
1 Eiweiß
½ reife, zerdrückte Banane

1 Die Orange heiß abwaschen und abtrocknen, die Schale abreiben, die Orange auspressen.

2 In einer Schüssel Orangensaft, Ananassaft, eventuell den Rum, Orangenschale und Öl verrühren. In einer zweiten Schüssel Mehl, Zucker, Backpulver und Salz mischen.

3 Den Backofen auf 200 °C (Umluft 180 °C, Gas Stufe 3 bis 4) vorheizen. Das Eiweiß steif schlagen und unter die Saftmischung heben. Diese Mischung mit der zerdrückten Banane unter das Mehl-Zucker-Gemisch rühren.

4 Das Muffinblech fetten. Den Teig zweidrittelhoch in die Mulden füllen. Im heißen Ofen (Mitte) etwa 25 Minuten backen. Das Blech aus dem Ofen nehmen und die Muffins 5 Minuten darin ruhen lassen. Dann aus den Mulden lösen und auf einem Gitter abkühlen lassen.

Haferflockenmuffins

Zubereitungszeit: 20 Minuten
Einweichzeit: 1 Stunde
Backzeit: 25 – 30 Minuten

Zutaten für 6 Muffins

40 g zarte Haferflocken
100 g Buttermilch
100 g Mehl
1 TL Backpulver
½ TL Zimt
1 Msp. Salz
25 g weiche Butter
40 g brauner Zucker
1 Ei
½ EL Zucker

1 Die Haferflocken unter die Buttermilch rühren und die Mischung etwa 1 Stunde stehen lassen.

2 In einer großen Schüssel Mehl, Backpulver, die Hälfte des Zimts und das Salz mischen. In einer zweiten Schüssel Butter, braunen Zucker und das Ei cremig schlagen.

3 Den Backofen auf 200 °C (Umluft 180 °C, Gas Stufe 3 bis 4) vorheizen. Die Haferflockenmischung zuerst unter die Buttercreme und dann alles unter die Mehlmischung rühren, bis die Zutaten gerade miteinander vermengt sind.

4 Das Muffinblech fetten oder Papierförmchen in die Mulden setzen. Den Teig zweidrittelhoch in die Mulden füllen. Den Zucker mit dem restlichen Zimt mischen und über den Teig streuen.

5 Im heißen Ofen (Mitte) ca. 25 bis 30 Minuten backen, bis die Muffins oben aufreißen. Das Blech aus dem Ofen nehmen und die Muffins 5 Minuten darin ruhen lassen. Dann aus den Mulden lösen und auf einem Gitter abkühlen lassen.

Apfelvollkornmuffins mit Ahornsirup

Zubereitungszeit: 20 Minuten
Backzeit: 20 Minuten

Zutaten für 6 Muffins

75 g Weizenvollkornmehl
25 g Weizenkleie
1 ¼ TL Backpulver
1 Prise geriebene Muskatnuss
1 Prise Zimt
20 g weiche Butter
1 Ei
75 g Ahornsirup
2 EL Milch
½ Apfel (ca. 50 g)
35 g Rosinen

1 Mehl, Weizenkleie, Backpulver, Muskat und Zimt in einer Schüssel vermischen. In einer zweiten Schüssel Butter, Ei, Ahornsirup und Milch cremig verschlagen. Die flüssigen Zutaten zu den trockenen geben und alles miteinander verrühren.

2 Den Backofen auf 200 °C (Umluft 180 °C, Gas Stufe 3 bis 4) vorheizen. Den Apfel waschen und in kleine Stückchen schneiden. Mit den Rosinen zum Teig geben.

3 Das Muffinblech fetten oder Papierförmchen hineinsetzen. Den Teig zweidrittelhoch in die Mulden füllen. Im heißen Ofen (Mitte) 20 Minuten backen. Die Muffins sind fertig, wenn der Teig oben aufreißt. Das Blech aus dem Ofen nehmen und die Muffins 5 Minuten darin ruhen lassen, dann auf einem Gitter abkühlen lassen.

Maismuffins

Zubereitungszeit: 20 Minuten
Backzeit: 25 Minuten

Zutaten für 6 Muffins

60 g Mehl
50 g Maismehl (Polenta)
2 Msp. Backpulver
1 Prise Salz
1–2 TL zerlassene Butter
2 EL Milch
30 g saure Sahne
30 g Ahornsirup
1 Ei
100 g gehackte Pekannüsse
6 ganze Pekannüsse

1 Mehl, Maismehl, Backpulver und Salz in einer großen Schüssel mischen.

2 Die zerlassene, aber abgekühlte Butter mit Milch, saurer Sahne und Ahornsirup vermischen und mit einem Esslöffel unter die Mehlmischung rühren. Der Teig soll noch Klümpchen aufweisen.

3 Den Backofen auf 200 °C (Umluft 180 °C, Gas Stufe 3 bis 4) vorheizen. Das Ei mit einer Gabel verschlagen und zusammen mit den gehackten Pekannüssen unter den Teig rühren.

4 Das Muffinblech fetten oder Papierförmchen in die Mulden setzen. Den Teig zweidrittelhoch in die Mulden füllen und jeweils 1 Pekannuss in die Mitte drücken.

5 Im heißen Ofen (Mitte) 25 Minuten backen, bis die Muffins oben aufreißen. Das Blech aus dem Ofen nehmen und die Muffins 5 Minuten darin ruhen lassen. Dann aus den Mulden lösen und auf einem Gitter abkühlen lassen.

Cappuccinomuffins

Zubereitungszeit: 20 Minuten
Backzeit: 25 – 30 Minuten

Zutaten für 6 Muffins

abgeriebene Schale von
½ Bio-Orange
75 g Zartbitter-Schokolade
125 g Mehl
25 g Kakaopulver
25 g brauner Zucker
50 g Zucker
1 TL Backpulver
½ EL Instant-Kaffeepulver
1 Prise Salz
50 g zerlassene Butter
125 g saure Sahne
100 g Sahne
1 Ei
Zucker zum Bestreuen

1 Die Orange heiß abwaschen und abtrocknen, die Schale abreiben. Die Schokolade fein hacken.

2 Mehl, Kakao, Zucker, Backpulver, Kaffeepulver und Salz in einer Schüssel mischen. In einer zweiten Schüssel Butter, Sahne, Ei und Orangenschale cremig schlagen. Die flüssigen Zutaten unter die Mehlmischung rühren. Dann die gehackte Schokolade unterheben.

3 Den Ofen auf 200 °C (Umluft 180 °C, Gas Stufe 3 bis 4) vorheizen. Das Muffinblech fetten oder Papierförmchen in die Mulden setzen. Den Teig zweidrittelhoch in die Mulden füllen und etwas Zucker daraufstreuen.

4 Im heißen Ofen (Mitte) 25 bis 30 Minuten backen. Das Blech aus dem Ofen nehmen und die Muffins 5 Minuten darin ruhen lassen. Dann aus den Förmchen lösen und auf einem Gitter abkühlen lassen.

Kaffeemuffins

Zubereitungszeit: 20 Minuten
Backzeit: 25 – 30 Minuten

Zutaten für 6 Muffins

2 EL Milch
1 TL neutrales Pflanzenöl, zum Beispiel Sonnenblumen- oder Rapsöl
100 g Apfelmus
1 Ei
½ TL Instant-Kaffeepulver in 1 TL heißem Wasser aufgelöst
½ EL Kakaopulver
110 g Mehl
80 g Zucker
1 TL Backpulver
½ TL Zimt
30 g Schokoladenchips oder -raspel

1 Milch, Öl, Apfelmus, Ei, Kaffee und Kakaopulver in einer Schüssel cremig schlagen. In einer zweiten Schüssel Mehl, Zucker, Backpulver, Zimt und Schokoladenchips mischen. Dann die flüssigen Zutaten unter die trockenen rühren.

2 Den Backofen auf 200 °C (Umluft 180 °C, Gas Stufe 3 bis 4) vorheizen. Das Muffinblech fetten oder Papierförmchen hineinsetzen. Den Teig zweidrittelhoch in die Mulden füllen.

3 Die Muffins im heißen Ofen (Mitte) 25 bis 30 Minuten backen, bis der Teig oben aufreißt. Das Blech aus dem Ofen nehmen und die Muffins 5 Minuten darin ruhen lassen. Dann aus den Mulden lösen und auf einem Gitter abkühlen lassen.

Ingwermuffins

Zubereitungszeit: 25 Minuten
Backzeit: 20 Minuten

Zutaten für 6 Muffins

1 EL abgeriebene Bio-Zitronenschale
30 g frischen Ingwer
75 g Zucker
50 g weiche Butter
1 Ei
125 g Joghurt
125 g Mehl
1 Prise Salz
½ TL Backpulver

1 Die Zitrone heiß abwaschen und abtrocknen, die Schale dünn abschälen und in sehr kleine Würfel schneiden.

2 Den Ingwer schälen und in sehr kleine Stückchen schneiden. Ingwer und 25 g Zucker in einen kleinen Topf geben. Den Zucker bei mittlerer Hitze unter Rühren in kurzer Zeit schmelzen lassen. Die Mischung abkühlen lassen.

3 Zitronenschale und 1 bis 2 Teelöffel Zucker im Mörser verreiben und zu der Zucker-Ingwer-Mischung geben.

4 Die Butter mit dem restlichen Zucker in einer Schüssel cremig rühren. Das Ei dazugeben, alles mischen und dabei den Joghurt hinzufügen.

5 Den Backofen auf 200 °C (Umluft 180 °C, Gas Stufe 3 bis 4) vorheizen. Mehl, Salz, Backpulver und die Zitronen-Ingwer-Mischung zur Buttermischung geben und mischen.

6 Das Muffinblech fetten oder Papierförmchen in die Mulden setzen. Den Teig zweidrittelhoch in die Mulden füllen.

7 Die Muffins im heißen Ofen (Mitte) ca. 20 Minuten backen, bis der Teig oben aufreißt. Das Blech aus dem Ofen nehmen und die Muffins 5 Minuten darin ruhen lassen. Dann aus den Mulden nehmen und auf einem Gitter abkühlen lassen.

Popovers

Zubereitungszeit: 15 Minuten
Backzeit: 35 Minuten

Zutaten für 6 Muffins

1 Ei
1 Prise Salz
125 ml Milch
1 EL zerlassene Butter
80 g Mehl

1 In einer Schüssel Ei und Salz mit einem Schneebesen verschlagen. Die Milch und die zerlassene Butter dazugeben. Dann das Mehl hinzufügen und kurz verrühren, bis alles gerade vermischt ist.

2 Das Muffinblech fetten und jede Mulde bis zur Hälfte mit Teig füllen. Das Muffinblech in den kalten Backofen schieben, dann erst die Temperatur auf 220 °C (Umluft 200 °C, Gas Stufe 4 bis 5) einschalten und die Popovers 20 Minuten backen.

3 Nun die Temperatur auf 190 °C (Umluft 170 °C, Gas Stufe 3 bis 4) senken und die Popovers etwa weitere 15 Minuten backen, bis sie goldbraun sind. Sofort mit einem spitzen Messer in jedes Popover stechen, um den Dampf herauszulassen. Die Popovers anschließend noch 4 bis 5 Minuten im Ofen ruhen lassen, herausnehmen und noch warm als Beilage zum Essen servieren.

Erdnussmuffins

Zubereitungszeit: 20 Minuten
Backzeit: 25 Minuten

Zutaten für 6 Muffins

100 g Weizenmehl
1 EL Weizenkleie
2 TL Backpulver
1 Prise Salz
60 g Erdnusscreme
40 g Honig
150 ml Milch
30 g Sonnenblumenkerne

1 Den Backofen auf 200 °C (Umluft 180 °C, Gas Stufe 3 bis 4) vorheizen.

2 In einer Schüssel Mehl, Weizenkleie, Backpulver und Salz mischen. Die Erdnusscreme hinzufügen und alles mit einer Gabel verkneten, bis ein krümeliger Teig entsteht. In die Mitte eine Mulde drücken und Honig, Milch und Sonnenblumenkerne hineingeben, alles miteinander verrühren.

3 Das Muffinblech fetten oder Papierförmchen in die Mulden setzen. Den Teig zweidrittelhoch in die Mulden füllen. Im heißen Ofen (Mitte) ca. 25 Minuten backen, bis die Muffins oben aufreißen. Das Blech aus dem Ofen nehmen und die Muffins 5 Minuten darin ruhen lassen. Dann aus den Mulden lösen und auf einem Gitter abkühlen lassen.

Walnussmuffins

Zubereitungszeit: 15 Minuten
Backzeit: 20 Minuten

Zutaten für 6 Muffins

abgeriebene Schale von
½ Bio-Orange
125 g Weizenvollkornmehl
1 TL Backpulver
1 Prise Salz
60 g Zucker
1 kleines Ei
60 ml Milch
40 ml Orangensaft
50 g Zartbitter-Schokoladenraspel
40 g fein gehackte Walnüsse
6 Walnusshälften

1 Die Orange heiß abwaschen und abtrocknen, die Schale abreiben und den Saft auspressen. Den Backofen auf 200 °C (Umluft 180 °C, Gas Stufe 3 bis 4) vorheizen.

2 Mehl, Backpulver, Salz und Zucker in einer Schüssel mischen. In einer zweiten Schüssel Ei, Milch, Orangensaft und -schale cremig schlagen und in die Mehlmischung rühren. Schokolade und gehackte Nüsse unterheben.

3 Das Muffinblech fetten. Den Teig zweidrittelhoch in die Mulden füllen und je 1 Nusshälfte leicht hineindrücken.

4 Die Muffins im heißen Ofen (Mitte) 20 Minuten backen. Sie sind fertig, wenn der Teig oben aufreißt. Das Blech aus dem Ofen nehmen und die Muffins 5 Minuten darin ruhen lassen. Dann aus den Mulden nehmen und auf einem Gitter abkühlen lassen.

Weihnachtsmuffins mit Orange

Zubereitungszeit: 20 Minuten
Backzeit: 30 Minuten

ZUTATEN FÜR 6 MUFFINS

abgeriebene Schale von
1 Bio-Orange
125 g Mehl
1 TL Backpulver
½ TL Zimt
1 Prise Nelkenpulver
1 Prise geriebene Muskatnuss
1 Prise Salz
1 Ei
100 g saure Sahne
25 g zerlassene Butter
1–2 TL Orangensaft
30 g brauner Zucker
1–2 TL Zimtzucker

1 Die Orange heiß abwaschen und abtrocknen, die Schale abreiben, den Saft auspressen. Den Backofen auf 200 °C (Umluft 180 °C, Gas Stufe 3 bis 4) vorheizen.

2 Mehl, Backpulver, die Gewürze und das Salz in einer Schüssel mischen. In einer zweiten Schüssel das Ei mit der Sahne, der Butter und dem Orangensaft verschlagen. Orangenschale und Zucker daruntermischen und alles unter die Mehlmischung rühren.

3 Das Muffinblech fetten. Den Teig zweidrittelhoch in die Mulden füllen und mit Zimtzucker bestreuen.

4 Die Muffins im heißen Ofen (Mitte) 30 Minuten backen, bis der Teig oben aufreißt. Das Blech aus dem Ofen nehmen und die Muffins 5 Minuten darin ruhen lassen. Dann aus den Mulden nehmen und auf einem Gitter abkühlen lassen.

Möhrenmuffins

Zubereitungszeit: 20 Minuten
Backzeit: 20–25 Minuten

Zutaten für 6 Muffins

1 Stück Möhre (ca. 50 g)
100 g Vollkornmehl
½ TL Salz
¼ TL Backpulver
½ TL Zimt
1 Msp. geriebene Muskatnuss
40 g Weizenkleie
1 Ei
40 ml neutrales Pflanzenöl, zum Beispiel Sonnenblumen- oder Rapsöl
150 ml Orangensaft
1 EL Essig
100 g Zucker

1 Die Möhre waschen, putzen und fein reiben.

2 Mehl, Salz, Backpulver, Zimt, Muskatnuss und Weizenkleie in einer großen Schüssel mischen.

3 Die Möhre zur Mehlmischung geben. Den Backofen auf 200 °C (Umluft 180 °C, Gas Stufe 3 bis 4) vorheizen.

4 Ei und Öl im Mixer kurz aufschlagen und zusammen mit Orangensaft, Essig und Zucker zur Möhrenmischung geben. Alles mit einem Kochlöffel vermengen, dabei nicht zu kräftig rühren.

5 Das Muffinblech fetten oder Papierförmchen in die Mulden setzen. Den Teig zweidrittelhoch in die Mulden füllen.

6 Die Muffins im heißen Ofen (Mitte) 20 bis 25 Minuten backen, bis sie oben aufreißen. Das Blech aus dem Ofen nehmen und die Muffins 5 Minuten darin ruhen lassen. Dann aus den Mulden lösen und auf einem Gitter abkühlen lassen.

Käsemuffins

Zubereitungszeit: 25 Minuten
Backzeit: 25–30 Minuten

Zutaten für 6 Muffins

¼ kleine rote Paprikaschote
¼ kleine grüne Paprikaschote
1 kleines Ei
100 ml Milch
50 g zerlassene Butter
30 g geriebener Käse,
  zum Beispiel mittelalter Gouda
100 g Mehl
1 Msp. Salz
1 TL Backpulver
2 TL Zucker
2 TL Maismehl (Polenta)
¼ TL Chilipulver

1 Die Paprikaschoten putzen, waschen und in kleine Würfel schneiden. Ei, Milch und Butter in einer Schüssel cremig verschlagen.

2 Die Paprikawürfel mit Käse, Mehl, Salz, Backpulver, Zucker, Maismehl und Chilipulver in einer zweiten Schüssel mischen. Die flüssige Mischung zur Mehlmischung geben und verrühren, bis alle Zutaten miteinander vermengt sind.

3 Den Backofen auf 200 °C (Umluft 180 °C, Gas Stufe 3 bis 4) vorheizen. Das Muffinblech fetten oder Papierförmchen in die Mulden setzen. Den Teig zweidrittelhoch in die Mulden füllen.

4 Im heißen Ofen (Mitte) 25 bis 30 Minuten backen, bis die Muffins oben aufreißen. Das Blech aus dem Ofen nehmen und die Muffins 5 Minuten darin ruhen lassen. Dann aus den Förmchen lösen und auf einem Gitter abkühlen lassen.

Knoblauchmuffins

Zubereitungszeit: 25 Minuten
Backzeit: 20 Minuten

Zutaten für 6 Muffins

125 g Mehl
½ EL Zucker
1 TL Backpulver
1 Prise Salz
1 kleines Ei
1 ½ EL zerlassene Butter
80 ml Milch
1–2 TL Schnittlauchröllchen
1–2 Knoblauchzehen

1 Mehl, Zucker, Backpulver und Salz in einer Schüssel gründlich vermischen.

2 In einer zweiten Schüssel das Ei mit einer Gabel verschlagen und die zerlassene, aber abgekühlte Butter, Milch und Schnittlauchröllchen hinzugeben. Den Knoblauch schälen und durch die Presse dazudrücken. Alles miteinander verrühren.

3 Den Backofen auf 200 °C (Umluft 180 °C, Gas Stufe 3 bis 4) vorheizen. Die flüssigen Zutaten zur Mehlmischung gießen, dabei kurz rühren, bis alle Zutaten gerade miteinander vermengt sind. Der Teig darf noch Klümpchen aufweisen.

4 Das Muffinblech fetten oder Papierförmchen in die Mulden setzen. Den Teig zweidrittelhoch in die Mulden füllen.

5 Im heißen Ofen (Mitte) etwa 20 Minuten backen, bis die Muffins oben aufreißen. Das Blech aus dem Ofen nehmen und die Muffins 5 Minuten darin ruhen lassen. Dann aus den Mulden lösen und auf einem Gitter abkühlen lassen.

Herzhafte Sauerteigmuffins

Zubereitungszeit: 30 Minuten
Backzeit: 25 Minuten

Zutaten für 6 Muffins

½ kleine rote Paprikaschote
½ grüne Peperoni
1 Scheibe Bacon (Frühstücksspeck)
125 g Mehl
1 EL Zucker
1 Prise Salz
1 Prise Chilipulver
1 TL Backpulver
75 g Sauerteig (aus dem Reformhaus)
1 EL Milch
1 Ei
125 g Maiskörner (aus der Dose)
1 EL neutrales Pflanzenöl, zum Beispiel Sonnenblumen- oder Rapsöl
20 g geriebener Käse, zum Beispiel mittelalter Gouda

1 Paprikaschote und Peperoni putzen, waschen und in sehr kleine Würfel schneiden. Den Speck in einer Pfanne knusprig ausbraten, auf Küchenpapier abtropfen und abkühlen lassen, dann fein zerkleinern.

2 Mehl, Zucker, Salz, Chilipulver und Backpulver in einer großen Schüssel vermischen.

3 In einer zweiten Schüssel den Sauerteig mit Milch, Ei, Maiskörnern, Öl, geriebenem Käse, Peperoni-, Paprikawürfeln und Speck verrühren. Den Backofen auf 200 °C (Umluft 180 °C, Gas Stufe 3 bis 4) vorheizen.

4 Die flüssigen Zutaten zu den trockenen geben und alles miteinander kurz mit einem Holzkochlöffel verrühren. Nur so lange rühren, bis alle Zutaten gerade miteinander vermengt sind.

5 Das Muffinblech fetten oder Papierförmchen in die Mulden setzen. Den Teig zweidrittelhoch in die Mulden füllen. Im heißen Ofen (Mitte) etwa 25 Minuten backen, bis die Muffins oben aufreißen. Das Blech aus dem Ofen nehmen und die Muffins 5 Minuten darin ruhen lassen. Dann aus den Mulden lösen und auf einem Gitter abkühlen lassen.

Muffins mit Schafskäse

Zubereitungszeit: 20 Minuten
Backzeit: 20 Minuten

Zutaten für 6 Muffins

40 g Schafskäse
40 g Doppelrahm-Frischkäse
125 g Mehl
½ EL Zucker
1 TL Backpulver
1 Prise Salz
¼ TL getrockneter zerriebener Salbei
1–2 TL fein gehackte Petersilie
1–2 TL Schnittlauchröllchen
120 g Joghurt
25 g zerlassene Butter
1 kleines Ei

1 Schafs- und Frischkäse mit einer Gabel zerdrücken und cremig rühren.

2 Mehl, Zucker, Backpulver, Salz, und die Kräuter in eine große Schüssel geben und gründlich mischen.

3 Den Backofen auf 200 °C (Umluft 180 °C, Gas Stufe 3 bis 4) vorheizen. In einer zweiten Schüssel Joghurt, Butter und Ei zusammen verrühren und zu den trockenen Zutaten geben. Nur kurz miteinander vermischen, bis die Zutaten gerade vermengt sind.

4 Das Muffinblech fetten oder Papierförmchen in die Mulden setzen. Die Mulden zur Hälfte mit dem Teig füllen. Auf den Teig jeweils 1 gehäuften Teelöffel von der Käsemischung geben. Dann die Mulden mit dem restlichen Teig auffüllen.

5 Im heißen Ofen (Mitte) etwa 20 Minuten backen, bis die Muffins oben aufreißen. Das Blech aus dem Ofen nehmen und die Muffins darin 5 Minuten ruhen lassen. Muffins aus den Mulden lösen und auf einem Gitter abkühlen lassen.

Ingwer-Käse-Muffins

Zubereitungszeit: 20 Minuten
Backzeit: 25 Minuten

Zutaten für 6 Muffins

125 g Mehl
1 TL Backpulver
½ TL gemahlener Ingwer
1 Prise Salz
1 Ei
1 EL Milch
65 g Zuckerrübensirup
2 EL zerlassene Butter
25 g geriebener Käse,
zum Beispiel mittelalter Gouda

1 Mehl, Backpulver, Ingwer und Salz in einer großen Schüssel mischen. In einer zweiten Schüssel Ei, Milch und Zuckerrübensirup gut miteinander verschlagen.

2 Den Backofen auf 200 °C (Umluft 180 °C, Gas Stufe 3 bis 4) vorheizen. Die flüssige Mischung mit der zerlassenen, abgekühlten Butter zur Mehlmischung geben und alles kurz verrühren, bis die Zutaten gerade miteinander vermengt sind. Zum Schluss den Käse unter den Teig heben.

3 Das Muffinblech fetten oder Papierförmchen in die Mulden setzen. Den Teig zweidrittelhoch in die Mulden füllen. Im heißen Ofen (Mitte) etwa 25 Minuten backen, bis die Muffins oben aufreißen. Das Blech aus dem Ofen nehmen und die Muffins 5 Minuten ruhen lassen. Dann aus den Mulden lösen und auf einem Gitter abkühlen lassen.

Parmesanmuffins

Zubereitungszeit: 25 Minuten
Backzeit: 25 Minuten

Zutaten für 6 Muffins

1 Salbeiblättchen
3–4 Stängel Petersilie
125 g Mehl
½ TL Zucker
1 TL Backpulver
1 EL geriebener Parmesan
120 g Joghurt
25 g zerlassene Butter
1 kleines Ei

1 Salbei und Petersilie waschen, trocken schütteln und die Blättchen fein hacken. Mehl, Zucker, Backpulver, Salbei, Petersilie und Parmesan in eine große Schüssel geben und gründlich miteinander vermischen.

2 Den Backofen auf 200 °C (Umluft 180 °C, Gas Stufe 3 bis 4) vorheizen. In einer zweiten Schüssel Joghurt, Butter und Ei cremig schlagen. Diese Mischung zu den trockenen Zutaten geben und kurz rühren, bis alle Zutaten gerade miteinander vermengt sind.

3 Das Muffinblech fetten oder Papierförmchen in die Mulden setzen. Den Teig zweidrittelhoch in die Mulden füllen. Im heißen Ofen (Mitte) etwa 25 Minuten backen, bis die Muffins oben aufreißen. Das Blech aus dem Ofen nehmen und die Muffins 5 Minuten ruhen lassen. Dann aus den Mulden lösen und auf einem Gitter abkühlen lassen.

Zwiebel-Mett-Muffins

Zubereitungszeit: 25 Minuten
Backzeit: 25–30 Minuten

Zutaten für 6 Muffins

125 g Mehl
1 Prise Salz
Pfeffer aus der Mühle
1 kleine Prise Zucker
1 TL Backpulver
½ kleine Zwiebel
3–4 Stängel Petersilie
75 g gemischtes Hackfleisch
50 g Doppelrahm-Frischkäse
25 g geriebener Käse,
zum Beispiel mittelalter Gouda
2 kleine Eier
70 ml Milch

1 Mehl, Salz, Pfeffer, Zucker und Backpulver in einer Schüssel mischen. Die Zwiebel schälen und fein hacken. Die Petersilie fein hacken.

2 Den Backofen auf 200 °C (Umluft 180 °C, Gas Stufe 3 bis 4) vorheizen. In einer zweiten Schüssel zuerst Hackfleisch, Frischkäse, geriebenen Käse, Zwiebel und Petersilie mischen, dann die Eier und die Milch zugeben und mit der trockenen Mehlmischung verkneten.

3 Das Muffinblech fetten. Den Teig zweidrittelhoch in die Mulden füllen. Im heißen Ofen (Mitte) 25 bis 30 Minuten backen. Die Muffins sind fertig, wenn der Teig oben aufreißt. Das Blech aus dem Ofen nehmen und die Muffins 5 Minuten ruhen lassen. Dann aus den Mulden lösen und auf einem Gitter abkühlen lassen.

Tex-Mex-Muffins

Zubereitungszeit: 15 Minuten
Backzeit: 20 Minuten

Zutaten für 6 Muffins

1 kleine Zwiebel (ca. 30 g)
1 kleine Peperoni
330 g gemischtes Hackfleisch
75 g Chilisauce (Fertigprodukt)
½ TL Chilipulver
1 Ei
1 Prise Salz
Pfeffer aus der Mühle
125 g Kidney-Bohnen (aus der Dose)
15 g geriebener Käse,
zum Beispiel mittelalter Gouda

1 Den Backofen auf 200 °C (Umluft 180 °C, Gas Stufe 3–4) vorheizen. Die Zwiebel schälen und fein hacken. Die Peperoni waschen, putzen und ebenfalls fein hacken.

2 Das Hackfleisch mit Zwiebel, Peperoni, 50 g Chilisauce, Chilipulver, Ei, Salz und Pfeffer verkneten. Die Bohnen abtropfen lassen und mit der restlichen Chilisauce mischen.

3 Das Muffinblech fetten. Den Teig zweidrittelhoch in die Mulden füllen und in der Mitte jeweils etwas eindrücken (hier kommt später die Bohnenmischung hinein). Im heißen Ofen (Mitte) 10 Minuten backen.

4 Die Muffins aus dem Ofen nehmen und die Bohnen-Chili-Mischung in die Vertiefungen füllen, mit Käse bestreuen. Weitere 10 Minuten backen.

5 Das Blech aus dem Ofen nehmen und die Muffins 5 Minuten darin abkühlen lassen, dann mit zwei Gabeln aus den Mulden heben.

Zwiebel-Speck-Muffins

Zubereitungszeit: 30 Minuten
Backzeit: 25 – 30 Minuten

Zutaten für 6 Muffins

½ Zwiebel
100 g Bacon (Frühstücksspeck)
180 g Mehl
2 TL Backpulver
1 Msp. Salz
1 Ei
40 ml Milch
125 g saure Sahne
1 TL Sesam

1 Die Zwiebel schälen und würfeln, den Speck ebenfalls würfeln. Die Speckwürfel in einer Pfanne knusprig braten, herausnehmen und mit Küchenpapier das Fett abtupfen. Im restlichen Fett die Zwiebel bräunen. Zwiebel und Speck beiseite stellen.

2 Den Backofen auf 200 °C (Umluft 180 °C, Gas Stufe 3 bis 4) vorheizen. Mehl, Backpulver und Salz in einer Schüssel mischen.

3 In einer zweiten Schüssel Ei, Milch und saure Sahne gründlich verrühren. Diese Mischung zu den trockenen Zutaten geben und kurz miteinander verrühren, bis die Zutaten gerade miteinander vermengt sind. Dann die Speck-Zwiebel-Mischung unter den Teig rühren.

4 Das Muffinblech fetten oder Papierförmchen in die Mulden setzen. Den Teig zweidrittelhoch in die Mulden füllen. Im heißen Ofen (Mitte) etwa 25 bis 30 Minuten backen, bis die Muffins oben aufreißen. Die Muffins noch heiß mit Sesam bestreuen. Das Blech aus dem Ofen nehmen und die Muffins 5 Minuten ruhen lassen. Dann aus den Mulden lösen und auf einem Gitter abkühlen lassen.

Alphabetisches Rezeptregister

Impressum

ISBN: 978-3-8094-2975-3

Umschlaggestaltung: Atelier Versen, Bad Aibling
Layout: Epsilon2, Mundelsheim
Fotos: Mosaik Verlag/Barbara Bonisolli
Bildredaktion: Sabine Kestler
Projektkoordination: Anja Halveland
Herstellung: Elke Cramer

Satz: Epsilon2, Mundelsheim
Litho: Artilitho snc, Lavis (Trento)
Druck: Anpak Printing Ltd., Hongkong

Printed in China

MIX
Papier aus verantwortungsvollen Quellen
FSC www.fsc.org FSC® C017997

Das für diesen Titel verwendete Papier ist FSC®-zertifiziert

817 2635 4453 6271